T0365787

SRI LANKA *SERENDIB*

ALBERT RUSSO • DHAMMAPADA • ERIC TESSIER

PHOTOGRAPHY BY ALBERT RUSSO

Library of Congress Control Number: 2005907632
ISBN: Softcover 978-1-5992-6521-6
Hardcover 978-1-5992-6522-3

Print information available on the last page

Rev. date: 10/28/2019

To order additional copies of this book, contact:
Xlibris
1-888-795-4274
www.Xlibris.com
Orders@Xlibris.com

cobra, o cobra
the fiercer your gesticulations
the closer I am to Him

cobra, ô cobra
gesticule tant que tu veux
je suis son protégé

no lions, not even
the lightning
can disturb Him

ni les lions
ni même l'éclair ne peuvent
Le troubler

whispers of wisdom
words of appeasement
in the sanctuary of Polonnaruwa

paroles douces
paroles de sage
dans le sanctuaire de Polonnaruwa

venerating the elephant
majestic symbol of life
we are his sons and daughters

symbole majestueux de la vie
l'éléphant, notre père à tous

beads and breastplates aglitter
anklets and headdresses sparkling
they dance to soothe the gods

femmes pleine de grâce
superbes danseurs
appaisant la colère des dieux

those beautiful iridescent butterflies
dance to the glory of
all things living, animal and plant

ces papillons chatoyants
dessinent les lignes de la vie
ode aux plantes et aux animaux

orphaned souls
they have found a home
in the human family

recueillis, ces éléphants orphelins
intègreront la famille des hommes

is this Noah's ark?

est-ce l'arche de Noé?

the stone may have weathered
but not the spirit

la patine du temps
n'effacera jamais l'esprit

our pretty hostess will cook our dinner:
rice and hot curry, Pol Sambol,
grated coconut, red pepper, onions,
lime and slivers of Maldive fish

notre jolie hôtesse nous prépare
un dîner au curry, très épicé, très coloré,
adouci par du lait de coco
et du poisson des Maldives

you are thirsty, sir
and you're sweating profusely
I have the best drink in the world for you

venez, venez, messieurs dames,
étancher votre soif
avec la meilleure boisson du monde

is this somewhere in the English Lake District?
it could very well be
but this corner of paradise is Nuwara Eliya

sommes-nous en Angleterre?
cela y ressemble fort
mais ce coin de paradis est niché dans la forêt
des montagnes sri lankaises

proud young mother:
"Say thank you to the lady, darling
she is giving you a sweet."

fierté d'une jeune maman:
"Dis merci à la dame, mon chéri,
elle t'offre un bonbon."

honoring the dead
in immaculate white
for the rest of his soul

blanc immaculé
pour que l'âme du défunt
repose en paix

A man is not learned because he talks much;
he who is patient, free from hatred and fear,
he is called learned.

N'est pas sage celui qui parle trop;
doté de patience, ne connaissant ni la haine ni la peur,
voilà le sage.

As a cow-herd with his staff drives
his cows into the stable, so do
Age and Death drive the life of men.

Supérieur est celui qui vit une journée
de sagesse et de réflexion
au centenaire n'ayant connu
que l'ignorance et la débauche

water, water, water, everywhere
don't be afraid, come and join me
we'll have fun together

la mousson est arrivée
descend de ton bus, voyageur,
on va s'amuser

smiling to the stranger
braving the elements

bravant les éléments
avec le sourire

the Yala bird sanctuary
where the beautiful white billed tern,
the common sandpiper and the tailed godwit
share the space with wild animals

dans cette réserve de Yala,
parmi les bêtes sauvages,
règnent des oiseaux aux couleurs
de feu et de givre

this is my kingdom
and you shan't spoil it!

cette jungle est ma demeure
et tu la respecteras!

The good man, who has achieved
freedom from the senses, is even
worthy of the envy of the gods.

L'homme bon qui s'est délivré
de l'emprise des sens
sera envié même des dieux.

Like a beautiful scentless flower, full of color,
are the fine but fruitless
words of him who does not act accordingly.

Aussi belle que soit la fleur, dénuée de parfum
tel est celui dont les paroles ne s'accordent
point à ses actes.

the Lankatilaka image sanctum
has opened wide to the sky
where there once was a vaulted dome

comme un trône gigantesque
embrassant le firmament
siège le majestueux sanctuaire du Lankatilaka

Long is the night to him who is awake;
long is the mile to him who is tired;
long is life to the foolish who does not know the true law.

Longue est la nuit pour celui qui rester éveillé;
long est le chemin de celui qui est fatigué;
longue est la vie de celui qui ne connaît point la vérité.

In the heart of the dagoba,
crowning testament of the Buddhist 'religion',
are sealed the holy relics, illuminated by burning lamps.

Dans l'enceinte du dagoba,
emblème suprême du bouddhisme,
sont préservées les saintes reliques.

How I yearn to attain such serenity,
to live a life where joy and sadness
are treated as equals!

Combien j'aspire à cette sérénité,
à vivre une vie où la joie et la tristesse
sont traitées d'égal à égal!

Knowing that the body is fragile like a jar,
and making his thought firm like a fortress,
one should attack Mara, the tempter,
with the weapon of knowledge.

Le corps est fragile comme une jarre;
faisant de ta pensée une forteresse,
tu chasseras Mara, la tentatrice,
avec l'arme de la connaissance.

If a man offends a harmless, innocent person,
the evil falls back upon that fool,
like dust thrown up against the wind.

Si tu blesses un être pur et innocent,
le mal s'abattra sur toi,
comme la poussière jetée au vent.

you cruel humans,
it is sizzling in this zoo,
do I deserve such treatment?

j'étouffe dans cet enclos,
qu'ai-je fait pour mériter
tant de mépris?

He who formerly was reckless
and afterwards became sober,
brightens up his world,
like the moon when freed from clouds.

Celui qui, autrefois, était arrogant
et qui, aujourd'hui, est devenu humble,
illumine le monde autour de lui,
comme la lune délestée de nuages.

He who has tasted the sweetness
of solitude and tranquillity,
is free from fear and from sin.

Celui qui a goûté à la douceur
de la solitude et de la tranquillité
ne connaîtra ni la peur ni le péché.

They who fear when they ought not to fear,
and fear not when they ought to fear, such men,
embracing false doctrines, enter the evil path.

Celui qui craint alors qu'il ne devrait rien craindre,
et ne craint rien alors qu'il devrait avoir peur,
embrassant de fausse doctrines,
s'engage sur la route du malheur.

There is no fire like passion;
there is no losing throw like hatred;
there is no pain like this body;
there is no happiness higher than rest.

Il n'y a pas de feu comme la passion,
ni de mal aussi délétère que la haine;
il n'y a rien de plus douloureux que le corps,
ni de plus grand bonheur que le repos.

Mules are good if tamed, noble are the Sindhu horses,
and elephants with large tusks,
but he who tames himself is better still.

Il est bon d'apprivoiser des mules,
nobles sont les chevaux de Sindhu,
et les éléphants aux longues défenses,
mieux encore est de savoir se restreindre.

Let him not despise what he has received,
nor ever envy others, for if he does,
he will not obtain peace of mind.

Ne méprise point ce que tu as reçu,
et n'envie pas autrui, dans le cas contraire,
tu ne trouveras jamais la paix.

It is better to live alone: there is no companionship with a fool;
let a man walk alone, let him commit no sin, with few wishes,
like an elephant in the forest.

Mieux vaut être seul que mal accompagné;
marche avec ta solitude et tes maigres désirs,
sans commettre d'impairs, comme l'éléphant dans la forêt.

This mind of mine went formerly wandering about as it liked,
as it listed, as it pleased; but I shall now hold it thoroughly,
as the rider who holds in the furious elephant.

J'ai laissé mon esprit vagabonder,
donnant libre cours à mes fantasmes et à mon imagination,
mais il est grand temps de l'apprivoiser,
tel le cornac redressant le fougueux éléphant.

The thirst of a thoughtless man grows like a creeper;
he runs from life to life,
like a monkey seeking fruit in the forest

La soif de l'homme irréfléchi
croît comme la mauvaise herbe;
il court après la vie,
comme le singe après le fruit dans la jungle

To satisfy the necessities of life is not evil.
To keep the body in good health is a duty,
for otherwise we shall not be able to trim the lamp of wisdom,
and keep our mind strong and clear.

Il faut satisfaire aux nécessités de la vie.
Se tenir en bonne santé est un devoir,
afin de préserver la lumière de la sagesse
et de garder un esprit vif et transparent.

A man full of faith, if endowed with virtue and glory,
is respected, whatever place he may choose.

L'homme qui a la foi, et qui est vertueux,
est respecté, où qu'il aille.

I get the answers
but to which questions?

J'ai trouvé les réponses
Mais à quelles questions?

Walking the streets of an unknown city
Unknown myself
Livelier than ever

Dans les rues d'une ville inconnue
Inconnu moi-même
Plus vivant que jamais

Floating in the inner sanctum
between eternity and nothingness

Flotter dans l'espace intérieur
entre éternité et anéantissement

Fire above us
Our souls are burning

Le feu vole dans les airs
C'est notre âme qui se consume

How sweet the peace of the village!
How irresistible the call of adventure!

Le havre du village, la douceur du foyer
Mais toujours, au fond du cœur, l'envie d'aller plus loin, ailleurs

They carry the light
that will illuminate our inner being
Five Saints

Ils portent la lumière
qui viendra illuminer nos ténèbres intérieures
Cinq Saints s'avancent

The drum of Buddha
melts with our heartbeat
Will we ever be awake?

Le tambour de Bouddha
rythme les battements de nos cœurs
La roue du Dharma s'arrêtera-t-elle un jour?

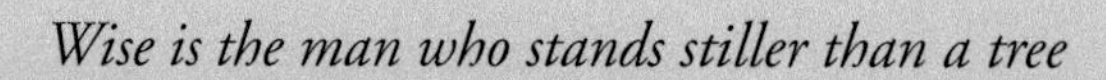

Wise is the man who stands stiller than a tree

L'arbre s'épanouit dans la fraîcheur de l'homme

Fragile as a rock
Man's dreams

Aussi fragiles que le roc
Les rêves de l'homme

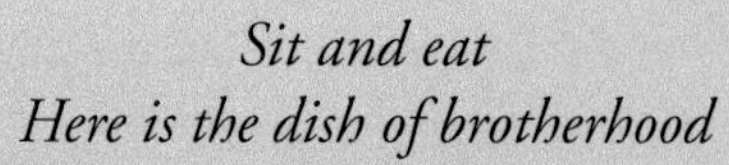

Sit and eat
Here is the dish of brotherhood

Assied-toi et mange
Voici le plat de la fraternité

A lamp and a flag
colors and light
our guidance

Une lampe, un drapeau
des couleurs et une lumière
pour nous guider

A statue – my soul imprisoned yells
How would I be able to get out of there?

Une statue – mon âme emprisonnée hurle
Comment sortir d'ici?

Caught in quicksand as we approached
the island; our journey ended here
in the middle of a meadow

Les sables mouvants nous engloutirent
comme nous approchions de l'île
notre voyage s'achevait ici

Real? Unreal?
Only the third eye can see you
The other two are blind

Réel? Irréel?
Si le troisième œil te voit
les deux autres sont aveugles

The beginning of a perfect life
Already my arms disappear

Le début d'une vie parfaite
Déjà mes bras disparaissent

A sacred dance from the ancient ages
Grace and sensuality
over the centuries

La danse sacrée des femmes
Grâce et sensualité
à travers les âges

Dangerous chords
Venomous notes
Music for snakes

Accords dangereux
et notes venimeuses
Ecoutez la musique des serpents

How heavy the weight of our lives!
How long the way to freedom!

Combien lourd le poids de nos vies!
Combien long le chemin de la délivrance!

I loved that simple house
by the lake. It was no castle
Just home

J'aimais cette maison simple et spartiate
au bord du lac. Ce n'était pas un château
juste chez moi

Preaching in silence
Words in motion
resound in my mind

Ils prêchent en silence
Les mots en mouvement
résonnent dans mon esprit

Heat, dust and sweat
Sacred is man's labor

Chaleur, poussière et sueur
Sacré le travail de l'homme

Smelling, growling, barking
In search of God knows what
Dogs dig the earth

Dingo, tout fous et amicaux
La truffe en alerte
Ils s'agitent – les chiens

So tall, so majestic
The walls of the temple – in ruins now
Nothing lasts forever

Gigantesques et majestueux
Les murs du temple – en ruines aujourd'hui
Rien n'est éternel

Son, behind you the river flows
This is your life
Ever running, ever fleeing

Mon enfant, derrière toi coulent
les flots impétueux de ta vie,
Insaisissables, toujours fuyants

Here I stand
agitated, breathless
Here you sit, serene, peaceful

Me voici
Agité, hors d'haleine
Te voilà, calme, serein

Life, death, destiny
These are serious topics
So why does the monkey laugh?

La vie, la mort, la destinée
Tout cela est si sérieux
Pourquoi alors le singe rit-il?

No stone can capture you
You keep moving on and on
Free as a bird

Nulle pierre ne peut te retenir
Tu bouges encore et encore
Libre comme l'air

Once there was a bustling city
After the storm, dead silence
Nature always takes over

Ici vivait une ville
Après la fureur, le calme
La nature toujours reprend ses droits

Ganesh, Ganesh, here she is
the blonde goddess
sporting the flag of wisdom

Ganesh, Ganesh, la voici
la déesse blonde
qui porte les couleurs de la sagesse

Yonder stands the object of your quest
Whatever you are waiting for
You will be alone with yourself

Derrière le seuil se tient l'objet de ta quête
Quoique tu en attendes
C'est toi-même que tu vas affronter

Walking, working, warbling
Girls, if there's ever a meaning to life
it sounds like you

Marcher, bavarder, travailler
Jeunes filles, s'il y a un sens à la vie
il porte votre nom

Coming from nowhere
Going nowhere
In the middle, a bridge to cross

Venant de nulle part
En route pour nulle part
Au milieu, nous traversons un pont

From prince to ascetic
You lived every life
Eventually to wake up under a tree

Prince et ascète
tu as vécu toutes les vies
pour finalement t'éveiller sous un arbre

What's inside a temple?
Truth or just another idol?
It could be what's inside your mind . . .

Qu'y a-t-il à l'intérieur d'un temple?
La vérité ou juste une autre idole?
Et si c'était seulement ce qu'il y a dans ton crâne . . .

Driving through the flood
Going to the city
Nothing can stop us

Rouler à travers les champs inondés
rejoindre la ville
rien ne peut nous arrêter

Wise as raving dogs
Nimble as monkeys
Be alive!

Sages comme des chiens fous
Vifs comme des singes
Soyons vivants!

Twilight and the scent of flowers
In the background, a bird's song
Peace and serenity

Le soir, l'air s'emplit d'odeurs
Derrière les arbres, des oiseaux crient
Paix et sérénité

See how they smile and dance
Do they laugh at us?

Voyez comme ils sourient en dansant
Se moqueraient-ils de nous?

AUTHORS / AUTEURS

Albert Russo has written many books in English, published by Domhan Books and Xlibris, namely *The Age of the Pearl, Beyond the Great Water, Oh Zaperetta! and The Benevolent American in the Heart of Darkness.* His fiction and poetry appear in English and in French around the world; his work has been translated into a dozen languages. His literary website: www.albertrusso.com

Albert Russo a écrit de nombreux romans, ainsi que des recueils de nouvelles et de poésie, en français et en anglais. Son oeuvre a été traduite dans une douzaine de langues. En France, ses derniers livres sont publiés aux éditions Hors Commerce, dont *L'ancêtre noire et La Tour Shalom.* Son site littéraire: www.albertrusso.com

ooo

Eric Tessier has published several collections of short stories in French. He is the editor of the literary magazine *La Nef Des Fous.* He also contributes regularly to *The Taj Mahal Review* (India) and to *Skyline Magazine* (NY—USA)

Eric Tessier est l'auteur de 3 recueils de nouvelles parus aux éditions Editinter et Rafael de Surtis. Il dirige la revue *La Nef Des Fous.*

ooo

The Dhammapada, or 'Words of the Doctrine', is a book of Buddhist aphorisms in 423 verses. The words are ascribed to Buddha himself.

Le Dhammapada, ou 'Paroles de la Doctrine', est un livre d'aphorismes bouddhiques en 423 vers, attribués à Bouddha en personne.

ooo

Other artbooks, completing the series, published with Xlibris, by the same authors, in English and in French (but also in Italian and Spanish): *ROMAdiva, Chinese puzzle, AfricaSoul, In France, Mexicana.*

Printed in the United States
By Bookmasters